Anonymous

Über Deutschlands Frieden mit Frankreich

Anonymous

Über Deutschlands Frieden mit Frankreich

ISBN/EAN: 9783744721226

Hergestellt in Europa, USA, Kanada, Australien, Japan

Cover: Foto ©ninafisch / pixelio.de

Weitere Bücher finden Sie auf **www.hansebooks.com**

Ueber
Deutschlands Frieden
mit Frankreich.

Eine Unterredung

zwischen

Polemon und Irenophilus.

---

t einer Denkschrift an den Friedenscongreß zu
Rastadt.

---

1 7 9 8.

Irenophilus.

Dachte ich nicht, ſo würde es kommen?
Einem neuen Kriege — ach! der Dreyßig-
jährige verfolgt mich unaufhörlich mit allen
ſeinen Schrecken — ſehen wir gewiß entgegen, wenn die Gemüther nicht bald in Ra-
ſtadt näher zuſammenrücken, und man nicht
ungeſäumt bewilliget, was man am Ende doch
wird bewilligen müßen. Ich zittere vor jedem
Augenblick eines längern Verzugs.

Polemon.

Wenn ich dieß alles recht verſtehe, ſo
lautet es ſo: So wollen es die Neufranken haben: und was ſie befehlen, iſt Ge-
ſez für Teutſchland, es koſte, was es
wolle: das Opfer ſey ſo groß, als es
wolle. Sie ſind die Gebieter nicht nur

A 2   von

von Teutschland, sondern auch, —
es fehlt nicht viel — von halb Europa.
Was die grosse und weise Nation —
so nennt sie sich selber — haben will,
das zu befolgen, und ohne Rückfrage zu
befolgen, ist Ehre und Glück für die
Teutschen. — Was dieser Grundsaz für
Früchte tragen wird, darauf darf man nicht
erst begierig seyn: Man sieht es schon vor Augen: und es wird — Sie verstehen mich
doch? — noch alle Tage besser kommen. —

Irenophilus.

Aendern Sie die Sache, wenn Sie
können. Ich habe nichts dawider. Machen
Sie ungeschehen, was bei dem Traktat von
Pillniz geschehen ist. Reissen Sie nicht nur
die Freyheitsbäume überall nieder, sondern
auch die Freyheits- und Gleichheits Gö-
zenbilder aus allen Herzen: geben Sie Ita-
lien seine vorige Gestalt. Mit Einem Wort:
Bringen Sie Teutschland und Frankreich
wieder

wieder in die Lage, in der diese beyde große
Staaten vor dreißig Jahren gewesen sind —
Alsdann braucht man freylich keinen Frieden
zu Campo Formio; keinen Kongreß zu Rastadt. Die Kriegsheere gehen alle, samt
und sonders, ganz in der Stille nach Hause,
als ob nichts geschehen wäre. Die durch den
Krieg so jämmerlich verheerte Länder sind auf
Einmal so blühend, als vorhin. Die Staats-
Kassen strozen von Gold und Silber, als wie
wenn kein Schwerd gezogen worden wäre:
Die Säkularisationen unterbleiben, und es
wird aufs neue ein unumstößlicher Saz, an
welchem nur ein Thor zweifeln kann: Unter
dem **Krummstabe** ist gut wohnen.
Nicht wahr? So sollte es seyn? Aber Schade, daß wir das Gegentheil, und zwar mit
thränenden Augen sehen müssen.

Polemon.

Sie wollen mich zum Besten haben,
Freund, und scheinen zu glauben, daß man
A 3 nur

nur zween Fälle denken könne: Entweder,
den unmöglichen: Alles, wie vor dem Krie=
ge: oder: den Neufranken durchaus nachzu=
geben: Abgetreten alles, was sie verlangen:
Teutschland zerrissen, zerstükelt, daß mans
nicht mehr kennt: säkularisirt, von Süden
bis Norden, und von Osten bis Westen. —
Die Plane hierzu von Paris verschrieben, und
befolgt, daß keine Silbe und kein Buchstabe
fehlt. Fortgefahren, an sie zu bezahlen, was
sie wollen. Immer noch sey es an den 700 Mil=
lionen Liv. nicht genug, die sie an klingender
Münze und an anderm nach Frankreich ge=
schleppt haben, ꝛc. ꝛc. ꝛc. Ich denke, es ge=
be noch einen dritten Fall: den Neufranken
mit Ernst und Würde zu sagen, daß Teutsch=
land seine Selbstständigkeit noch nicht so ver=
gessen habe, daß es schlechterdings von seinen
Nachbarn, als Gesezgebern abhangen müsse.
Es wisse und fühle sich noch stark genug, auch
ein Wort zu den Friedensbedingungen zu sa=
gen. Den Frieden wünsche und verlange es:
Aber

Aber keinen unrühmlichen und in so hohem
Grade nachtheiligen — Abtrettungen wolle
es sich nicht entgegen seyn laffen: aber sie müf-
sen gemäßigt seyn. Den Burgundischen
Krais ganz in die Schanze zu schlagen, seye
doch auch kein verächtliches Opfer. Zu viel
müsse man nicht begehren; sonst setze man
sich in Gefahr, am Ende nur wenig zu erhalten, und was man ja nicht zu vergessen
habe —

Irenophilus.

Halten Sie inne — kein Wort wei-
ter! Wie schön sich das alles sagen läßt!
Nur Schade, daß es bey dem Sprechen
bleibt. Ich merke, daß Sie sich mit dem
süssen Traum eines neuen Kriegs tragen,
der alle Wunden auf Einmal heilen, der
alles wieder in einer einzigen Schlacht —
wenn sie nur schon geliefert und gewonnen
wäre! — gut machen soll, was in beynähe
unzähligen vorherigen verdorben worden ist.

A 4   Wahr-

Wahrlich, ein Traum, und, was das schlimm: ste ist, nicht einmal ein süsser! Krieg mit den Neufranken? Diese hätten ohne Krieg besiegt werden können. Krieg ist ihr Element, ihr Aufkommen, ihre Ge: sundheit. Ich mag mich nicht ausführli: cher erklären. — Abtretungen an sie, sollten sie noch so auffallend seyn, muß man mit beyden Händen hergeben, nur um nicht mehr Krieg zu haben: austheilen muß man, was sie verlangen, wenn es noch so grosse Brofen wären. — Vielleicht sind sie desto unverdaulicher. — Nichts, keine noch so grosse Schwierigkeit muß man sich davon abschrefen lassen. Zu Nachbarn werden wir diese liebe Leute immer haben. Ob wir sie da oder dort haben, das ist einerley. Und was soll die Schwierigkeit mit den Säkula: risationen? Die Geistliche Herren, denen sie so gar nicht zu Sinne wollen, müssen und werden sich belehren lassen. Hören Sie ein: mal meine Vorschläge an, überlegen Sie al:

les

les reiflich und unpartheiisch: Sezen Sie voraus, was unumgänglich vorauszusezen ist, und dann geben Sie Gott und der Wahrheit die Ehre, daß es nicht so böse sey, als es scheinet.

Polemon.

Ich bin noch nicht überzeugt, daß nicht auch noch Ernst und Drohungen bey den Neufranken so viel ausrichten sollten, daß sie die so hochgespannte Saiten noch um ein paar Töne herabstimmten.

Irenophilus.

Herabstimmen? Danken Sie Gott, wenn nicht das Gegentheil geschieht.

Polemon.

Das kann man hindern, wenn die Sache recht angegriffen wird.

Irenophilus.

Und wie wäre das zu machen?

Polemon.

Dafür wollen wir die Kabinete in

Wien,

Wien, Berlin, Petersburg, London, Kopenhagen, Stokholm und Neapel sorgen lassen. —

Irenophilus.

Ach! die Kabinette! Die Neufranken gebieten über alle Kabinete, sie mögen seyn, wo sie wollen.

Polemon.

Nicht so ganz. Ich bin gewiß, es liesse sich mehr thun, als bisher geschehen ist, wenn man es recht und mit Nachdruck zu thun wüßte. — Die Landung in England. — Der April ist vorbey. Und, die Schweiz? Die Neufranken werden noch zum Besinnen kommen. —

Irenophilus.

Wir wollen die Engländer und die Schweizer ihre Sachen selbst ausfechten lassen. Wir bleiben bey Teutschland. Ein baldiger und dauerhafter Friede ist der höchste Wunsch eines jeden biedern Teutschen.

schen. Unsere Reichsfürsten und Stände —
ach! Ihrer ist freylich eine schöne Anzahl —
verlieren ansehnliche Länder und Besitzungen.
Die Grundlage des Friedens haben die Neu=
franken angegeben, und beharren darauf.
Das ist nun einmal nicht anders. Anneh=
men muß man, was die Sieger vorschrei=
ben. Und ich berge nicht, ich wünsche, daß
es bald geschehe.

Polemon.

Sie denken: damit die Wunde bald
wieder zuheilen könne?

Irenophilus.

Meinetwegen auch! Aber auch aus die=
sem Grunde, damit eine längere, und ge=
wiß immer vergebliche, Weigerung nicht noch
tiefere, und unheilbarere Wunden schlage.

Polemon.

Zu grämlich, Freund. zu feig gespro=
chen! Wenn das die Neufranken merken —

und

und ich ſtehe dafür, daß es ihnen nicht ver-
borgen bleibt, ſo treiben ſie ihre Foderungen
noch höher.

Irenophilus.

Vortreflich geſagt! Alſo iſt mit dem
Frieden möglichſt zu eilen.

Polemon.

Mit dem Schwerd in der Hand, muß
der Friede herbeygeführt und nicht übereilt
werden.

Irenophilus.

Schwerder, und kein Ende! Dieſe
ſollten einmal in ihre Scheide fahren —
Nun doch endlich zur Sache! Die Reichs-
fürſten und Stände, die ihre Länder und Beſizungen zum Opfer bringen müſſen, müſſen
entſchädiget werden.

Polemon.

Und woher dieſe Entſchädigung
nehmen? Ire=

Irenophilus.

Wenn die Säulen der Reichsverfassung wieder aufgeführt und befestiget werden sollen, so muß man sich jeden Vorschlag gefallen laßen, der zum Ziel führt.

Polemon.

Und nun die Mittel und die Art der Entschädigung?

Irenophilus.

Jene werden sich ausfündig machen; und diese festsezen laßen.

Polemon.

Aber die Ausführung?

Irenophilus.

Wie sie zu bewerkstelligen sey, soll nicht vergeßen werden.

Polemon.

Immer denke ich mit recht großem Wohlbehagen an die so oft wiederholte Erklärung

der

der Neufranken: Wir wollen nicht er=
obern!

Irenophilus.

Das ist vorbey! Wir Teutsche haben
auf unsrer Hut zu seyn, daß sie nicht noch
mehr erobern; und sich mit dem, was sie
haben, danknehmig begnügen.

Polemon.

Danknehmig? Die Sieger danken nicht.
Warum hat man sich besiegen lassen?

Irenophilus.

Die linke Rheinseite — damit wir
endlich einmahl zum Zwek kommen — muß
der Republik Frankreich überlassen werden.

Polemon.

Nichts mehr, als das?

Irenophilus.

Genug einstweilen: und diese neue, ge=
schwind aus einem schwachen Kinde zu einem
stolzen und furchtbaren Riesen emporgewach=
sene

sene Republik hat das volle Recht an diese Ab-
tretung.

Polemon.

Wie das?

Irenophilus.

Diese Frage kann Ihnen nicht von Herzen gehen. Eben, als ob Sie nicht wüßten,
daß der Kaiser, als König von Ungarn und
Böhmen, jener Republik diese Länder, bis auf
einen unbedeutenden Theil, schon vorläufig in
Campo Formio akkordirt, und durch Zu-
rükziehung seiner eigenen, und der Truppen
des Reichs, überlassen haben soll.

Polemon.

Ist der Kaiser dessen geständig?

Irenophilus.

Warum nicht? Er darf sich erst nicht
dabey schämen. Selbsterhaltung ist das er-
ste Gesetz eines jeden. Und er wußte wohl,
daß er es werde verantworten können. Was
konnte

konnte er auch für Bedenklichkeiten haben, da ihm am besten bekannt seyn mußte, daß das Teutsche Reich nicht im Stande seyn würde, jene Staaten wieder zu erhalten. Und sehen Sie denn nicht, daß dem Reich durch eine abschlägige Antwort, ja blos durch den Aufschub derselben eine noch grössere Gefahr bevorsteht?

Polemon.

Darauf darf ich nicht antworten, wie ich von Rechtswegen sollte. Begreiflich ist es nun allerdings, daß diejenige Reichsstände, die durch diese Abtretungen gekränkt werden, schadlos gehalten werden müssen. Aber, wie soll, wie kann das geschehen?

Irenophilus.

Genau, auf allen Seiten, und unpartheiisch betrachtet, hat diese Entschädigung weit weniger Schwierigkeiten, als Manche glauben.

Polemon.

Schwierigkeiten genug für die, die jene

Lüken

Lüken werden ausfüllen müssen. Die Neufran=
ken haben nicht genug, in ihrem Vaterlande die
schwere Hand auf ihre Geistlichkeit gelegt zu
haben. Auch die hohe Teutsche Geistlichkeit
muß ihren Naken unter ein Joch beugen, das
immer hart, unbillig und ungerecht ist.

Irenophilus.

Die Säkularisationen sind das einzige
und noch erträglichste Mittel, aus einem in
manchem Betracht sehr mißlichen Handel her=
auszukommen.

Polemon.

Und dieses Ungewitter soll alle geist=
liche Staaten treffen?

Irenophilus.

Ich halte es erstlich für kein so schwe=
res Ungewitter, auch für die, die es trifft.
Und dann, sollen ja nicht alle geistliche Staa=
ten davon betroffen werden.

B   Pole=

Polemon.

Das leztere läßt sich hören. Ueber das erstere wollen wir noch besonders sprechen.

Irenophilus.

Die Säkularisation ist so unrecht nicht. Die Besizungen der Geistlichen, woher schreiben sie sich?

Polemon.

Von milden Stiftungen. Und was soll nun dieß beweisen?

Irenophilus.

Recht viel für die, die die Säkularisationen, wo nicht für gar kein Uebel, doch für kein so grosses Uebel halten, als andere.

Polemon,

Ich sehe dies noch nicht ein.

Irenophilus.

Die Herren, die der ihren Besizungen bevorstehenden Veränderung so weinerlich und mit Furcht und Zittern entgegen sehen, sollten

ten nur auf das Alterthum zurückgehen. Sie
waren Güterbeſitzer und Unterthanen. Nach
und nach wurden ſie Landesherren. Freylich
Landesherren — fette, fürſtliche, mehr
als fürſtliche Einkünfte — groſſe Pracht
und Herrlichkeit — lauter Dinge, die denen
nicht gebühren, die Hirten und Fürbilder ihrer Heerden ſeyn ſollen.

Polemon.

Sie fallen in den Predigerton, Freund,
und vom Predigen iſt nun die Rede nicht.

Irenophilus.

Es kommt auf das an, was wahr iſt.
Können Sie es läugnen?

Polemon.

Nein! Aber hart iſt es doch, ſehr hart,
ſich aus ſeinem ſowohl hergebrachten Beſitz
verdrängen laſſen ſollen, und nicht darwider
muchſen dörfen.

Ire=

Irenophilus.

Das Muchsen wird ihnen niemand wehren. Und wenn sie freiwillig abtreten, so ist das Verdrängen erspart.

Polemon.

Und an wen käme die Reihe zuerst?

Irenophilus.

Freuen Sie sich, nicht an die drey Geistliche Kurfürsten. Das sind die Herren, die man beybehalten muß, damit die Reichs-Konstitution wenigstens einiger maaßen noch erhalten werde.

Polemon.

Andere Bischöfe kommen dagegen nicht so gut weg. Das sehe ich schon voraus.

Irenophilus.

Errathen! So vieler Bischöfe Besi-tzungen nöthig seyn werden, um die Entschä-digungen der gekränkten weltlichen Fürsten zu Stande zu bringen. Sie erinnern sich doch

auch

auch des Weſtphäliſchen Friedens? Was
dem Teutſchen Reiche, dem Kaiſer, den
Schweden und Franzoſen vor 150 Jahren recht war, wird nach anderthalb Jahr-
hunderten, in gleichem Verhältniß, und bey
noch dringenderer Bedürfniß, nicht Ungerechtigkeit heiſſen können.

Polemon.

Teutſchland ſcheint von dem Schick-
ſaal dazu beſtimmt zu ſeyn, zuerſt fremde
Kriegsheere auf ſeinem Boden, und mit ſeinen Eingeweiden zu ernähren: und dann von
Fremden über ſich und ſeine Verfaſſung gebieten zu laſſen.

Irenophilus.

Es ſcheint, die Teutſchen wollen es ſeit
vielen Jahren nicht anders haben. Mögen
ſie es bey ſich ſelbſt verantworten.

Polemon.

Aber, was jene Biſchöfe, auf die der
Strahl geſchleudert wird, dazu ſagen werden?

B 3Jer:

Irenophilus.

Man muß sie, wenn sie es noch nicht wissen, oder sich stellen, als ob sie es nicht wüßten, freundlich belehren, daß ihre Bestimmung, ihre ursprüngliche Bestimmung, keine andere sey, als Seelenhirten zu seyn: daß Karl der Grosse, und Otto der Grosse, da sie Bisthümer in Teutschland errichteten, oder, eigentlicher zu reden, Bischöfe einsezten, nicht einmal von ferne den Gedanken hatten, grosse weltliche Herren aus ihnen zu machen; sondern sie dazu bestellten und verordneten, daß sie Lehrer und Aufseher des Volks seyn, und das Christenthum überall pflanzen sollten.

Polemon.

Sie hohlen sehr weit aus, da Sie mich in solche alte Zeiten, in das graue Alterthum zurükführen. Was wollen Sie mit Karl dem Grossen? Er war so religiöse, daß er darauf drang, die Bischöfe sollten fein auch lesen und das Vater unser beten lernen.

Diese

Diese Kenntniſſe wird man doch bey keinem unſerer heutigen teutſchen Biſchöfe vermiſſen. Wäre dies der Fall, ſo hätte die ihnen dro‌hende Säkulariſation ſchon eine etwas weni‌ger gehäſſige Seite. Doch, Sie ſehen, daß ich ſcherze; wer wird das von Biſchöfen nur zu denken wagen, da die Aufklärung überall, auch auf den Thronen, und unter den Bi‌ſchofsmützen Land gewonnen hat?

Irenophilus.

Die weltliche Macht, zu der die Bi‌ſchöfe in der Folge griffen, und der Fürſten‌ſtand, in welchem ſie ſich natürlicher Weiſe ſehr wohl gefallen mußten, iſt und bleibt et‌was blos zufälliges für ſie. Ihre Länder und Regalien, die ihnen von den Fürſten, vom Kaiſer und vom Reich bey guten Zeiten, und auf gewiſſe Art und Bedingungsweiſe einge‌räumt und gelehnt worden ſind, können ih‌nen von dieſen zu ihrer nöthigen Selbſterhal‌tung wieder abgefordert und eingezogen werden.

Pole‌

Polemon.

Wahrhaftig ein ganz neues Bischöfli=
ches StaatsRecht, von dem seit mehrern
hundert Jahren ein tiefes Stillschweigen be=
obachtet worden ist.

Irenophilus.

Desto weniger darf man sich wundern,
wenn bey dem gegenwärtigen Nothstand
Teutschlands dergleichen Dinge zur Sprache
kommen, die man so gut zu benutzen weiß.
Ergeben sich diejenige unter den Bischöfen,
denen man ein solches Opfer nothgedrungen
abfordert, gutwillig, so ist es desto besser.
Sollten sie den Einfall haben, sich zur Wehre
sezen zu wollen, so wäre zu befürchten, daß
jezt oder in kurzer Zeit nicht nur alle geistli=
che Staaten säkularisirt, sondern auch die
Bisthümer selbst alterirt, und, was die Haupt=
sache ist, die heilige Religion der größten
Gefahr ausgesezt würde.

Polemon.

Harte Nüsse, wer sie aufknaken muß!

Ich

Ich hoffte immer, ein Glüksstreich sollte unvermuthet der Sache eine andere Wendung gaben.

Irenophilus.

Man hat schon lange auf Glüksstreiche gewartet. Aber sie sind ausgeblieben. Und längeres Warten könnte höchstbedenkliche Folgen haben. Eine Ursache, warum sich gewiße Bischöfe gar nicht weigern sollten, wenn von ihrer Säkularisation die Rede ist, will ich nur leise, oder lieber gar nicht berühren. Ich mäßte eine der Ursachen des Kriegs der Neufranken am Rhein berühren.

Polemon.

Ich verstehe, was Sie meynen. Es ist menschenfreundlich, daß Sie diese Saite so sanft rühren.

Irenophilus.

Das will ich nicht hoffen, daß sie den Pabst zu Hülfe rufen werden.

Polemon.

Wenn dieser nur mit sich selbst im Rei-

gen wäre. — Aber, wovon denn die Bischöfe und ihre Kapitularen unterhalten?

Irenophilus.

Dazu wird auch Rath werden. Der
natürlichste Gedanke ist der: das Reich, besonders die Fürsten, die diese Länder zur Entschädigung erhalten, sind ihnen hinreichenden
und ihrem Stande gemäßen Unterhalt schul-
dig.

Polemon.

Arme Bischöfe! Diese müssen allein
Haare lassen, damit andere desto weniger
Schaden haben.

Irenophilus.

Durchaus nicht! Andere, weltliche
Fürsten, Grafen, Stände, sollen nicht min-
der mit an dem Schaden anstehen. Der
durch Abreißung des linken Rheinufers be-
wirkte Nachtheil und Verlust muß unter alle
und jede Reichsstände vertheilt werden.

Pole=

Polemon.

Dafür werden diejenigen Stände danken, in deren Bezirke die Neufranken nicht
gekommen sind.

Irenophilus.

Höchst ungerecht dächten sie, wenn sie
sich nicht wenigstens entschlößen, z. B. einen
Beytrag an Geld zur Unterhaltung der Geistlichen Fürsten zu thun. Glüklich genug waren
sie ja, jene Feinde Teutschlands nicht in ihren
Gränzen zu sehen. Warum wollen sie sich
weigern, einen Theil einer sehr erträglichen
Last, durch eine Summe Gelds, auf sich zu
nehmen, die andere in ihrer ganzen, abscheu-
lichen Schwere gefühlt haben?

Polemon.

Hoffentlich werden auch die Reichs-
Prälaten und Reichsstädte an die Reihe
kommen? Jene, zum Säkularisiren; diese,
wie jene, zur Vergütung für Fürsten, denen
die Neufranken das ihrige entrissen haben.

D

O Teutschland, Teutschland! Die Geschichte erröthe darüber, solche Vorgänge erzählen zu müssen, dergleichen das Ende des XVIII. Jahrhunderts gesehen hat, daß Franzosen der ehrwürdigen Teutschen Nation Geseze vorschreiben, ihrem ganzen Staate eine andere Gestalt geben, und —

Irenophilus.

Ich denke lieber an den Frieden selbst, als an die, die uns denselben vorzeichnen. Mit Seufzern ist hier nichts gethan. Das ist Teutschlands Schiksaal schon seit undenklichen Zeiten, daß Fremde sich auf seinem Boden herumtummeln; und, wenn sie das Mark des Landes gefressen haben, darinn, wie wenn es ihr Eigenthum wäre, handeln, schalten und walten. — Die Reichs-Prälaturen und Reichs-Städte darf man nicht vergessen.

Polemon.

Sagen Sie mir von diesen nichts, ich bitte Sie. Lasse man diese seyn, was sie bisher gewesen sind. Man wird säkularisiren,

ren, entſchädigen, arrohdiren können, wie man immer will, ohne dieſe zu dieſem Geſchäfte nöthig zu haben.

Irenophilus.

Müſſen ſich Erzbiſchöſe und Biſchöſe und gröſſere weltliche Staaten gefallen laſſen, an dieſer groſſen Umwandlung von Teutſchland Theil zu nehmen; warum wollen ſich kleinere und unbedeutendere zurükziehen?

Polemon.

Ohne den Beytritt jener gröſſern und anſehnlichern könnte man nicht zum Zwek kommen: dies iſt am Tage. Dieſe aber ſind nicht von ſo groſſem Belange, daß man vieles mit ihnen ausrichten könnte. Denken Sie an die viele Schwäbiſche Reichsſtädte.

Irenophilus.

Es iſt nun einmal nicht anders; wenn der Friede zu Stande kommen, und dauerhaft ſeyn ſoll, ſo muß man ſich gefallen laſſen,

ſen, die Bisthümer Lüttich und Baſel, und
die Stifter, Stablo, Malmedy, Korne-
li Münſter, Prüm, Thorn und Kron-
weiſſenburg aufzuheben, um ſie an Frankreich
abzugeben. Zu Erhaltung der Geiſtlichen
Kurfürſten muß man die Bisthümer:
Worms, Speyer, Fulda und Paderborn
verwenden. Zur Entſchädigung der weltlichen Reichsſtände, die ſo vieles verlieren,
muß das Erzbisthum Salzburg, das Bisthum Eichſtädt, die Probſtey Berchtesgaden, und das Reichsſtift Kempten angewendet werden.

Polemon.

Was werden die geiſtliche Herren dazu ſagen?

Irenophilus.

Sie ſollen ſich an dem bisherigen Beſitze genügen laſſen, und ſich beſcheiden, daß
kein Opfer in dieſer Lage von Teutſchland
zu groß ſey, wenn man dadurch zum Beſitze
des Friedens kommt. Auſſer dieſem wer-

den

den ja auch einige Bisthümer erhalten,
und nur einige ihrer weltlichen Besizungen
zur Entschädigung geistlicher und weltlicher
Reichsstände abgetreten.

Polemon.

Großmüthig! So wird doch nicht ganz
mit allen Erz = und Hochstiften abgebaut.
Der Besen des Verderbens reißt nicht alles
dahin.

Irenophilus.

Nein! Und unter diese gehört auch
Wirzburg, Bamberg, Augsburg, Freysingen und Passau.

Polemon.

Ich hoffe noch immer, da Sie bisher
der Reichs Prälaturen nicht gedacht haben,
diese sollen ungeschlagen davon kommen.

Irenophilus.

Nicht so ganz! Wettenhausen, Ur-
sperg, Ottobeuren, Yrsee und Kaisersheim

Heim müssen auf die Liste kommen; da ist
nicht anders zu helfen.

Polemon.

Das müßte ein Wunder seyn! Ich
will einen andern Vorschlag thun, nur um
die Reichs-Prälaturen in ihrem Daseyn zu
erhalten. Sie haben alle, keine ausgenom-
men, beträchtliche Besitzungen. Der Unterschied ist in der Hauptsache so groß nicht. Von
den Einkünften derselben giebt jede, nach Verhältniß, eine gewisse, grössere oder kleinere
Summe Geldes ab: und diese wird als ein Beytrag jährlich an diese und jene, zu entschädigen-
de, ausgetheilt. Was kann hiewider eingewen-
det werden?

Irenophilus.

Vieles! Geld und Grundstücke, ist
zweyerley. Ich zweifle, ob das ausführbar
genug sey. Fünf Reichs-Prälaturen! Es ist
nicht der Mühe werth, nur viele Worte
davon zu machen. Wie viel bleiben übrig!

Pole-

Polemon.

Warum sollen die zu erhaltende und übrig bleibende ihren Willen haben, und die andern nicht? Ich dächte, der Sache wäre zu helfen, wenn man sichs Ernst seyn liesse.

Irenophilus

Wir kommen auf die Reichsstädte. Einige müßen an Frankreich kommen: Speyer, Worms, Köln und Aachen; und andere unter landesfürstliche Hoheit: Nürnberg, Ulm, Kaufbeuren und Kempten.

Polemon.

Was hülfe es, wenn ich wider jenes protestiren wollte? Was würden die Neufranken sagen, wenn Teutschland Ansprache an einige ihrer vornehmsten Städte machen wollte?

Irenophilus.

Die Teutschen haben auch keine Eroberungen in Frankreich gemacht, wie die Neufranken in Teutschland.

C   Pole=

Polemon.

Schande genug für die Teutschen. Diese Scharte sollten sie noch auswezen.

Irenophilus.

Wollen Sie aufs neue Krieg haben, um Teutschland einen noch grössern Verlust zuzuziehen?

Polemon.

Sie sezen voraus, der Krieg würde abermal unglüklich für die Teutschen ausfallen?

Irenophilus.

Nicht anders. Ich wünsche nicht, daß man den Versuch mache. — Nun zu den Reichsstädten.

Polemon.

Ich denke von diesen, wie von den Reichs-Prälaturen, und wünsche ihre bisherige Verfassung durchaus beibehalten zu sehen.

Irenophilus.

Einigen davon würde, glaube ich, es
selbst

selbst willkommen seyn, wenn sie unter Lan/
desfürstliche Hoheit zu stehen kämen. Man
weißt, wie in einigen ansehnlichen Reichs=
städten Obrigkeit und Bürgerschaft seit meh=
rern Jahren gegen einander zu Felde liegen.
Diese Fehden nähmen ein Ende. Ihre
Schulden würden bezahlt. Die Abgaben
vermindert. Wie wünschenswerth müßte es
für sie, auch nur in diesen wenigen Rük=
sichten seyn, einen einzigen Oberherrn zu ha=
ben, der sich ein frohes Geschäfte daraus
machen würde, seinen neuen Unterthanen zu
beweisen, daß sie unter seinem Scepter ein
Glük gefunden haben, das sie vorhin nicht
kannten, und über dem sie alles andere ver=
gessen können.

Polemon.

Es giebt Reichsstädte, besonders in
Schwaben, bey denen das nicht anschlüge,
die in einer beneidenswürdigen Lage sind.

Irenophilus.

Das läugne ich nicht. Ich könnte ei-

ne

ne im Norden von Schwaben, und eine im Osten nennen, die gar viel verlieren würden, wenn sie ihre Reichsstädtische Freyheit einbüssen sollten.

Polemon.

Ich weiß schon, welche sie meynen. Eine davon soll, in gewisser Voraussezung, daß sie einem benachbarten Landesherren werde unterworfen werden, deren sie Zween hat, geäußert haben: Unter 2 Uebeln müsse man das kleinste wählen. Sie würde also, wenn die Wahl statt fände, sich auch lieber den kleinern Fürsten, als den grössern zum Regenten wünschen. Die Regierung dessen, den sie sich verbeten haben soll, ist nicht als die glüklichste in Teutschland bekannt. Desto mehr Ehre für den andern, unter dessen Regimente es ihr allerdings wohl, doch nicht so wohl gehen würde, als wenn sie in ihrer bisherigen, wahrhaftig glüklichen, Verfassung bleibt. Dies ist der Fall

ganz

ganz gewiß bey mehrern, auch ganz unbe=
deutenden Schwäbischen sogenannten Repub=
liken. Lasse man sie seyn, was sie bisher
waren. Denen, die mit ihrer Obrigkeit
im Kriege leben, sage man aber mit Nach=
druk: Suchet den Frieden: oder lasset euch
gefallen, zur Strafe eurer Zanksucht einem
Einzigen zu gehorchen.

Irenophilus.

Wären Sie selbst ein Mitglied eines
Reichsstädtischen Senats, so könnte ich mir
Ihre Vorliebe zu diesen kleinen Freystaaten
erklären.

Polemon.

Sie scherzen. Am Ende würde der
Schade nicht so groß seyn, wenn man die
Reichsprälaturen und Städte seyn liesse,
was sie sind. Sollten einige von den letz=
leztern wünschen, — der Fall wäre sehr
wohl möglich — unter einen einzigen Herrn

zu kommen, so werde man ihnen zu Wil,
len, und gebe sie dem nächsten Nachbar,
unter der Bedingung, sie so zu regieren, daß
sie sich ihre alte Verfassung nicht zurük,
wünschen.

Irenophilus.

Die wenige Reichs-Prälaturen, die ich
Ihnen vorhin genannt habe, betragen ge,
gen die übrigbleibenden so wenig, daß es die
Mühe nicht verlohnt, viele Worte davon zu
machen.

Polemon.

Ich gebe noch nicht gewonnen. De,
sto leichter ist es, sie beyzubehalten. Die
Neufranken lassen sich belehren, und geben hierinn nach; wenn es nur nicht an sol-
chen fehlt, die unpartheiische Belehrungen
ertheilen, und sich nicht von Neid, Mißgunst
und Irreligiösität — denn aus dieser fließt
eigentlich der scheele Blik auf die Reichs-
stifte — beherrschen lassen.

Ireno-

Irenophilus.

Die Reichsstifter oder Gotteshäuser, wie man sie nennt, sind doch höffentlich nicht die einzige Stütze der Religiosität?

Polemon.

Nicht die einzige, aber eine grosse. — Wir gleiten aus dem Wege des Friedensgeschäfts. Und davon ist eigentlich die Rede. Und nun, wer verliert? Wer soll entschädigt werden? Und wie kann das geschehen?

Irenophilus.

Wir haben beyde keine Stimme in Rastatt. Aber niemand kann uns wehren, darüber nachzudenken, und davon zu sprechen.

Polemon.

Wir fangen bey Oesterreich an. Verlust und Abtretungen nehmen wir zusammen. Der Unterschied ist nicht groß. Hieher gehört die Grafschaft Falkenstein: das

Breis-

Breisgau, die Grafschaft Hauenstein, die 4. Waldstätte, Kufstein, Kizbühel, Rattenberg, Burgau: einen kleinen Strich von Tyrol. Es giebt dieß alles ab, theils an Frankreich, theils an die Entschädigungsmasse, theils an Bayern, theils an Zweybrüken. Verlust genug! Diesen hätte man abwenden können, und sollte ihn noch abwenden.

Jrenophilus.

Immer das alte Lied! Lieber wollte ich mir diese Träume — denn anders ist es nichts — ganz aus dem Sinne schlagen. Es ist ja nicht alles Verlust. Ist denn der gröste Theil des Erzstifts Salzburg; sind alle Salzburgische Besizungen in Oesterreich, Steyermark und Kärnthen, nicht reicher Ersatz? Welche Gold- Silber- und andere Bergwerke in Salzburg! Und wenn Bayern aus den Halleinischen Salzwerken noch 150000 Centner Salz um den Produktionsduktionspreis an Oesterreich abgibt, welcher Vortheil! ausser diesem behält ja Oesterreich noch beträchtliche Distrikte im Schwäbischen Kreise, die Landgrafschaft Nellenburg, die Grafschaft Hohenberg, und die Reichs Vogtey Altorf und Ravensburg.

Polemon.

Schöne Plane! Nur bey der Grafschaft Hohenberg erlauben Sie mir eine kleine Abänderung. Die obere Grafschaft mag Oesterreich bleiben. Aber die untere gönnte ich einem gewissen benachbarten Fürsten, der es um das Haus Oesterreich verdient hätte, daß man ihm mit dieser, die ihm so bequem gelegen ist, eine Freude machte.

Irenophilus.

Ich errathe, wen Sie meynen. Aber ich zweifle, ob dieser Zuwachs ihm ein wahrer Vortheil wäre. —

Pole-

Die Opfer des Pfalzbayrischen Hau-
ses sind noch grösser, als die des Oesterrei-
chischen. Eilf Oberämter der Rhein-
Pfalz, das Herzogthum Jülich und das
Marquisat Bergen op Zoom. Dieß alles erhält Frankreich. Die Neufranken
machen ja keine Eroberungen — ?

Irenophilus.

Keine Eroberung gönne ich den Franzosen mehr, als die vom Herzogthum Jülich. Sie wissen, daß dieß Land den 30,
jährigen Krieg anzünden half. Wäre es
nur schon vor 200 Jahren in den Händen
der Franzosen gewesen!

Polemon.

Die noch übrige Oberämter der Pfalz
dießeits des Rheins kommen an Kurtrier.
Das Herzogthum Bergen an Preussen,
die Herrschaft Wiesenstaig an die EntschädigungsMasse. Von den 150000 Cent-
nern

nern Salz haben wir schon oben gesprochen. Flächeninnhalt und Seelenzahl aller dieser abzutretenden Länder ist so beträchtlich, daß ich nicht begreife, wie der Kurfürst ohne grosse Verläugnung sich dazu entschliessen kan.

Irenophilus.

Ohne Verläugnung und Schmerzen geht es bei keinem ab. Pfalzbayern erhält aber auch dagegen nicht unbedeutende Dinge. Einen Theil des Erzstifts Salzburg: die Probstey Berchtesgaden, Kufstein, Kizbühel und Rattenberg. Das Bisthum Eichstädt, mit einigen kleinen Ausnahmen. Einen Strich Landes im Anspächischen: die Stadt Nürnberg mit ihrem Gebiete: das Städtchen Vilseck in der Ober Pfalz: die Abbtey Kaysersheim: Im Bisthum Paßau einiges, auch im Bisthum Freysingen.

Polemon.

Kaisersheim und Nürnberg! Das sollte nicht seyn!

Ireno=

Irenophilus.

Warum nicht? Zu seiner Zeit danken beyde dafür, daß sie so wohl berathen worden sind.

Polemon.

Sie hoffen, wo nichts zu hoffen ist. Zweybrüken wünschte ich vorzüglich entschädiget zu sehen. Denn das ganze Herzogthum werden sich die Neufranken nicht mehr nehmen lassen.

Irenophilus.

Wer will das von ihnen fordern? aber dafür erhält der Herzog auch die Markgrafschaft Burgau, die Gotteshäuser Wettenhausen, Ottobeuren, Yrsee und Utsperg; Kempten, das Reichsstift und die Stadt, so wie auch Kaufbeuren. Sie werden abermal wehklagen.

Polemon.

Nicht ohne Grund! Gotteshäuser und

und Reichsstädte. An diesen sollte man sich niemal vergreifen. Die Teutschen sind ja keine Franzosen.

Irenophilus.

Laßen Sie es gut seyn. — Der Herzog erhält noch mehreres, wenn ich den Austheiler machen darf. Die zerstreute kleine Besizungen vom Bisthum Augsburg, und den Tyrol. Vorarlbergischen Strich Landes von Füßen am linken Ufer des Lechs bis zu seinem Ursprung, und vom Ursprung der Bregenz, die rechte Seite bis zu ihrem Einfluß in den Bodensee.

Polemon.

Ob der Herzog von Zweybrüken auf diese Art entschädigt ist? Ich zweifle.

Irenophilus.

Wer will alles auf das genaueste ausmessen? Etwas ist besser, als gar nichts,

Der

Der König von Preussen sollte von Rechts-
und Gewissenswegen auf alle Entschädi-
gungen Verzicht thun, und sich nicht bey-
gehen lassen, über den Verlust von Kleve,
Geldern und Mörs, oder über die Abtretungen seiner kleinen Besitzungen im Nürn-
bergischen, des Burggrafthums Nürnberg, eines kleinen Theils vom Anspachischen an Bayern, Streitbergs an Bamberg, einiger elenden Oerter an Wirzburg,
Klage zu führen. Der Ansprüche an Kizingen und andere Würzburgische Oerter
sollte er sich von selbst begeben. Denken
Sie an den Zuwachs, den seine Staaten in
Polen erhalten haben.

Polemon.

Teutschland ist nicht Polen. Kurpfalz soll ihm das Herzogthum Bergen;
Kölln die Stadt Duyß; Nürnberg das
Pflegamt Lichtenau geben: und denn wird
er sich mit den zerstreuten im Anspachischen
liegen-

liegenden Aemtern, und einem kleinen Strich Landes von Bamberg begnügen lassen.

Irenophilus.

Die 3. geistlichen Kurfürsten dür-
fen wir nicht vergessen.

Polemon.

Man sollte sie vergessen. Sie sind
es. — Emigrirte — ich mag nicht daran
gedenken, wem wir Teutschlands Unglük
zu danken haben.

Irenophilus.

Abermal Grillen über Dinge, die nicht zu
ändern sind. — Der Kurfürst von Maynz
wird sich nicht entgegen seyn lassen, die Stadt
Maynz mit ihrem Gebiete, das Amt Bin-
gen an Frankreich; einiges an Nassau; anderes an Hessen Darmstadt; noch anderes
an Hessen Kassel; etwas an Kurtrier, und,
denn auch ein Stükchen an die Entschä-
bigungs-

digungsMaſſe abzutreten. Ich nenne die
Städte und Gebiete nicht. Das muß alles
nach der wahren Konvenienz abgemeſſen werden, und kann wenig Schwierigkeit haben.

Polemon.

Und nichts dagegen erhalten? Das
wäre wohl — Doch ich will es nicht ſagen. Er bekomme meinetwegen das Bisthum Fulda, das mit dem Reſte ſeines ehe-
mäligen Kurfürſtenthums vereinigt wird,
und etwas vom Bisthume Wirzburg, das
an das Fuldaiſche gränzt.

Itenophilus.

Der Kurfürſt von Köln behält auch
einige von ſeinen vorigen Beſizungen, wenn
er vorher den Strich Landes, worin Köln
und Bonn liegen, an Frankreich, und einiges an den König von Preuſſen und an
den Fürſten von Naſſau abgegeben hat.
Dagegen werde ihm das Bisthum Paderborn

born und die Abtey Corvey zugeschieden.

Polemon.

Mit niemand werden es die Neufranken besser meynen, als mit dem Kurfürsten
von Trier. Sein Land ist jenseits des
Rheins. Das ist unser, werden sie sagen.
Und die Teutschen werden es nicht wehren:
warum? weil sie es nicht hindern können.

Irenophilus.

Und dieß ist erst noch nicht alles, Freund.
Er muß noch mehr abgeben. Nehmlich an
Nassau: die zerstreuten Bezirke, welche
dieseits des Rheins noch übrig bleiben.

Polemon.

Und nun Würzburg und Bamberg?
Was soll aus diesen werden?

Irenophilus.

Jenes giebt an KurMaynz das rechte

D   Saal-

Saalufer; an Bamberg das mitten im
Bambergischen Gebiete gelegene Amt
Schlüsselfeld; an KurTrier das wenige,
was zwischen dem Tauber = und Kocherfluß
ist; und an die EntschädigungsMasse
Markt Bibert ab, und bekommt von An=
spach Brixenstadt und Maynbernheim.
Anspach oder Preussen aber thut auf alle
Ansprüche an Kizingen 2c. Verzicht. Bam=
berg hingegen übergiebt an Maynz das
mitten im Ober Pfälzischen Gebiet gelegene
Wilsek; ferner Veldenstein; und an An=
spach eine Streke Landes am Wisentfluß,
und das Amt Obernscheinfeld an die Ent=
schädigungsMasse.

Polemon.

Und erhält nichts dafür?

Irenophilus.

Allerdings etwas, wenn es schon nicht
viel ist: von Würzburg Schlüsselfeld;
von

von Anſpach Fürſtenforſt und Straitberg;
von Nürnberg Lonnerſtadt.

Polemon.

Der Biſchof von Baſel?

Irenophilus.

Erhält das ganze Frikthal bis an den
Rhein; und verliert den Diſtrikt jenſeits
des Birſafluſſes.

Polemon.

Dem Hauſe Naſſau werden groſſe
Opfer abgefordert werden —

Irenophilus.

Keine gröſſern, als andern. Auſſer-
dem wird es durch das, was es erhält,
treflich arrondirt.

Polemon.

Zum Beyſpiele?

D 2   Ireno-

Irenophilus.

Die Grafschaft Saarbrüken und Ottweiler, Saarwerder und Herbizheim, ein Theil von Homburg, denn Kirchheim und Rosenthal kommt an Frankreich. Aber ist das nicht Schadloshaltung genug, daß es die Besizungen, die zwischen der Sieg, dem Mayn und dem Rhein liegen, von Maynz, Trier und Kölln erhält? Schlagen Sie solche im Büsching nach, so ist mir die Mühe erspart, sie zu nennen: Und denn auch noch etwas von KurPfalz.

Polemon.

Baaden?

Irenophilus.

Erhält das Amt Oberkirch in der Ortenau und das Amt Ettenheim im Breisgau, vom Bisthum Strasburg: noch mehr aber den Theil vom Breisgau zwischen dem Rhein; Freyburg und Staufen.

Dafür

Dafür kann er seinen Antheil an der Grafschaft Sponheim, Gravenstein und Roth
ohne Schmerzen abtreten.

Polemon.

Sind wir mit unserm Plane bald am
Ende?

Irenophilus.

Noch sind Wirtemberg, Hessen-
Darmstadt, HessenKassel und Rhein-
fels, Isenburg und andere kleinere Reichs-
Fürsten und Stände zu kränken und zu trösten.

Polemon,

Richtig sagen Sie, zu kränken. Ob
sie aber auch getröstet werden?

Irenophilus.

Wir wollen sehen. Wirtemberg verliert Mömpelgard. Dafür wären die in
seinem Gebiete liegende kleine Reichsstädte,
Eßlingen, Weil, Reuttlingen, ein paar

benach-

benachbarte, Aalen, Giengen, Schadloshaltung genug. Denn im Ernst zu reden:
der Verlust von Mömpelgardt ist kein wahrer Verlust für Wirtemberg.

Irenophilus.

Nur die Reichsstädte, auch die kleinste gelassen, was sie sind! Dafür danke
ich Ihnen noch besonders, daß Sie der
Reichsstadt Ulm mit ihrem Gebiete nicht
einmal gedenken. Mömpelgardt und Ulm!
Ich zweifle, ob man nicht die Entschädigung
für grösser, als den Verlust, erklären wird.
Die Probstey Ellwangen könnte in die
Stelle jener treten. Was meinen Sie?

Irenophilus.

Wie schonend Sie doch mit den
Reichsstädten und ReichsPrälaturen
verfahren! Sind denn diese besser, als
Bisthümer und Stifter, die nicht weniger bedeuten, als Bisthümer, z. B. Ell-
wan-

wangen? Und was wäre es denn, wenn Sie auch wider Ellwangen etwas einzuwenden haben, wenn man dem Herzog von Wirtemberg Zwifalten, Marchthal und noch ein paar benachbarte Gotteshäuser anwiese? Zwiefalten hätte ihm von Rechtswegen im Westphälischen Frieden nicht entrissen werden sollen.

Polemon.

Wir streiten vielleicht doch vergeblich. Die Sache in Rastatt mag hie und da doch ganz anders ausfallen —

Irenophilus.

Wir theilen einander ja nur unsere, übrigens ganz unmaßgebliche Gedanken mit. Ob man sie benüzen will, oder kann, das mag auf sich beruhen.

Polemon.

HessenDarmstadt verliert einen Theil von Hanau Lichtenberg: Nicht wahr?

Ireno-

Irenophilus.

Allerdings! Und muß dafür von Kur-
Maynz mit Astheim und Gersheim, und
von KurPfalz mit Umstadt entschädiget
werden.

Polemon.

HessenKassel und Rheinfels?

Irenophilus.

KurMaynz giebt Amöneburg an
jenes ab, das Rheinfels hergeben muß.

Polemon.

Isenburg?

Irenophilus.

Verliert die Herrschaft Altenbaumburg
und Reipolzkirchen; und bekommt von
KurMaynz das Amt Dieburg, und Ober-
und Niederrod.

Polemon.

Aber nun die kleinere Fürsten?

Ireno-

Irenophilus.

Das Schiksal dieser wollen wir mit getrostem Herzen der Billigkeit, der Gerechtigkeit, dem Verschonen und Mitleiden derer, die hiezu zu sagen haben, überlassen. Man könnte sie, die Fürsten, von Salm, von Leiningen, von Löwenstein, von Arenberg, von Wittgenstein Berleburg, von Brezenheim: die Grafen von Sikingen, und Leyen, von Sternberg und von der Mark, und denn die von der Westphälischen, Wetterauischen und Schwäbischen Bank, mit den noch übrigen Stüken des Breisgaus, mit Reichsstiften, mit andern kleinen Gebieten, von Maynz, Bayern, Würzburg und Bamberg zufrieden stellen. Nur Friede! Und denn mag alles gut seyn.

Polemon.

Und Krieg, wenn die, die sich zu Gesezgebern von Teutschland aufwerfen, ihren Troz zu weit treiben wollen.

Ire:

Irenophilus.

Ich sorge, Freund, es sey verrechnet, wenn man von Krieg sprechen will.

Polemon.

Denken sie an Hannibal und die Römer. Da es jener aufs höchste getrieben hatte, und nicht glaubte, daß ihm noch etwas zu wünschen übrig sey; diese aber am Rande der Verzweiflung waren; so wendete sich das Blatt.

Irenophilus.

Die Teutschen sind keine Römer: und die Franzosen, und Hannibal! Sie verstehen mich doch?

Polemon.

Nach den neuesten Nachrichten verlangt der jezige König von Preußen ganz keine Schadloshaltung und wenn die übrige grosse Herren nachfolgen, so wird der Friede um so gewisser erfolgen.

Denkschrift

an den

Friedenskongreß zu Rastadt.

Wie schädlich und verhältnißwidrig jener Friedens = und Entschädigungs=plan sey, welcher neuerlich in der Deker=schen Buchhandlung zu Rastadt verkauft wurde, ist jedermann begreiflich, und gar leicht erweislich, wenn die Gleichheit in der Schadloshaltung, und sowohl natürliche als rechtliche Vorschrift bey der Austhei=lung beobachtet werden will.

Nach diesem Plan soll ein Theil der geistlichen Stände noch stehen bleiben, ein anderer mit dem ferner bestehenden Theil vereinigt — und ein dritter zum Entschä=digungsmittel gebraucht werden, jener Theil von Ständen aber, welche durch den Krieg

nichts

nichts gelitten haben, die Entſchädigungs⸗
maſſa durch Geldbeyträge vermehren helfen.

Warum ſoll denn nur ein Theil von
geiſtlichen Ständen, und nicht alle mehr ſte⸗
hen bleiben? Warum ein anderer Theil mit
jenen vereiniget — und ein dritter zur
Entſchädigung angewendet werden? Iſt
wohl dieſer Plan auf Billigkeit und Gleich⸗
heit gegründet? Beruht er nicht vielmehr
auf offenbarer Ungerechtigkeit, worüber ſich
vorzüglich jene geiſtlichen Stände beſchwe⸗
ren können, welche mit den ſtehen — bleiben⸗
den vereinigt — und zur Schadloshaltung
beſtimmt werden ſollen.

Auf gleiche Weiſe mögen ſich auch jene
Stände beklagen, welche durch den Krieg
nichts gelitten haben, und in der Folge die
Entſchädigungsmaſſa durch Geldbeyträge ver⸗
mehren ſollen. Denn wer kann behaupten
oder beweiſen, daß einige Stände nichts durch
den Krieg gelitten haben, wo doch alle, und
beſonders kleinere ihre Reichsſchuldigkeiten
von Römermonaten, Kontingents⸗Reluitio⸗
nen, Lieferungen ꝛc. genau erfüllt haben,
und während den Friedenshandlungen wirk⸗
lich

lich noch erfüllen, auch zugleich von ihren
Gütern und Einkünften alle Landesbürden
und Auflagen, Steuern, Dezimationen und
Dons gratuits tragen müssen. Ist hierinn eine Gleichheit und Billigkeit zu finden,
oder ist ein solcher Plan für annehm= und
ausführbar zu halten? Ich glaube nicht.
Natürlicher und billiger würde es vielmehr
seyn, wenn von allen weltlichen und geistlichen Reichsständen entweder verhältnißmäßige Geld = oder Güterbeyträge zur Schadloshaltung der Verlierenden gemacht — und
hiedurch alle Widersprüche, Eifersuchten,
Beschwerden und Einwendungen vermieden
würden; ausserdem wird kaum, oder gar
nicht ein Friede zu hoffen seyn, bey dem jeder Reichsstand zufrieden — und sowohl die
Religion, als Konstitution ganz unverletzt
erhalten werden kann.

Wenn also die —, in der aufgelösten
Frage: ob, wie, und von wem
die verlierenden Stände wieder
entschädigt werden sollen? vorge-
schlagene Geldbeyträge nicht statt finden sollen, so ist kaum ein anderes Mittel noch
übrig, als daß jeder grosse, mittlere, und
klei-

kleinere Reichsstand etwas verhältnißmäßi=
ges an reichsunmittelbaren Gütern zu dieser
Schadloshaltung beyträgt, wobey auf eine
billige und mögliche Zurundung und Einver=
leibung zu sehen, und auf pünktliche Gleich=
heit und Proportion zu halten wäre.

Denn! mit welchem Rechte kann man
fordern, daß nur die reichsunmittelbaren
Güter der geistlichen und geringern Reichs=
stände allein zum Opfer dienen sollen? Die=
ses wäre höchst unbillig, und sowohl der Re=
ligion als Konstitution schädlich. Es ist
und bleibt daher noch immer das beste Mit=
tel, eine vollkomne und verhältnißmäßige
Gleichheit zwischen allen Reichsständen bey
Aus= und Eintheilung der Schadloshaltung
zu machen, und nur jene mit Beyträgen von
reichsunmittelbaren Gütern zu verschonen,
welche gar keine, oder nur wenige mehr be=
sitzen, auch selbst immer noch billige Mäßi=
gung oder Nachlassung ihrer Reichs = Ma=
trikularanschläge, und sonstiger Bürden und
Abgaben suchen, und auch mit der Zeit er=
halten müssen, weil sie bisher doppelte La=
sten trugen, und sich nun gänzlich erschöpft
haben. Wollte Gott, daß gegenwärtiger
Vor=

Vorschlag uns bald einen glüklichen und dauerhaften Frieden geben — und alle Besorgnisse für die Religion und Konstitution aufheben möchte.